AF319406

AVIS

AUX OUVRIERS EN FER,

SUR LA FABRICATION

DE L'ACIER,

Publié par ordre du Comité de salut public.

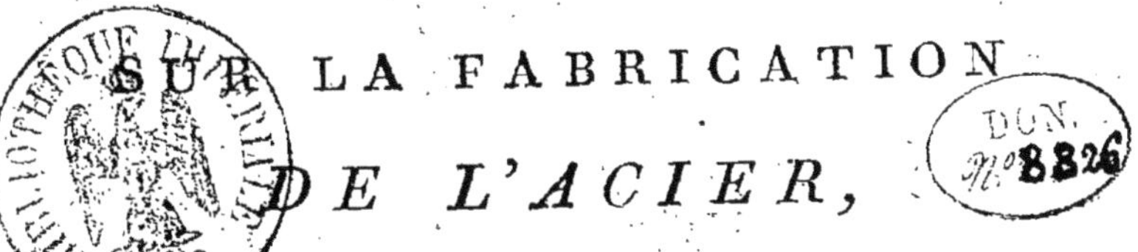

PENDANT que nos frères prodiguent leur sang contre les ennemis de la liberté, pendant que nous sommes en seconde ligne derrière eux, amis, il faut que notre énergie tire de notre sol toutes les ressources dont nous avons besoin, et que nous apprenions à l'Europe que la France trouve dans son sein tout ce qui est nécessaire à son courage.

L'acier nous manque, l'acier qui doit servir à fabriquer les armes dont chaque citoyen doit se servir pour terminer enfin la lutte de la liberté contre l'esclavage.

Jusqu'à présent, des relations amicales avec nos voisins, et sur-tout les entraves qui faisoient languir notre industrie, nous ont fait négliger la fabrication de l'acier. L'Angleterre et l'Allemagne en fournissoient à la plus grande partie de nos besoins; mais les despotes de l'Angleterre et de l'Allemagne ont rompu tout commerce avec nous. Eh bien! faisons notre acier.

Nous allons vous présenter quelques notions qui doivent vous guider dans une entreprise généreuse pour ce moment, utile à notre industrie pour l'avenir.

A

Observations préliminaires.

Le fer est un corps combustible; il se brûle, et par là il perd ses propriétés métalliques. Si l'on tient de la limaille de fer dans un creuset exposé à une forte chaleur, en renouvellant fréquemment sa surface, il prend une couleur briquetée, il perd les apparences métalliques et il devient plus pésant qu'il n'étoit. Une partie de l'air s'est fixée avec lui et a produit ces changemens; l'on a donné à cet air fixé, le nom d'oxigène.

C'est dans cet état que le fer est dans les mines, et les procédés dont on se sert pour l'extraire, consistent principalement à en dégager l'air fixé, ou l'oxigène.

Le charbon a cette propriété; en brûlant il se combine avec l'air, il s'unit aussi avec l'oxigène, qui étoit fixé dans le fer, lorsqu'il se trouve en contact avec lui à une haute chaleur.

Ces effets de l'air et du charbon sont bien sensibles, lorsqu'on tient de l'étain en fusion, il se forme bientôt à la surface une pellicule grise qui a perdu tout l'éclat du métal; si l'on enlève cette pellicule, il s'en forme une seconde, et l'on peut changer ainsi tout l'étain en une substance d'une apparence terreuse, que des fondeurs infidèles appellent *crasses* et mettent à part. Ils recueillent avec soin ces prétendues *crasses*, et dans leur particulier, ils les exposent à la chaleur, en y mêlant un peu de poudre de charbon, du suif ou de la résine, et bientôt le métal éprouve sa *réduction* et reprend ses qualités.

Le charbon n'a pas seulement la propriété d'ôter au fer l'air qui s'étoit uni avec lui; mais lui-même peut se fondre dans le fer à une grande chaleur, et par là, il donne des propriétés à la fonte et il change le fer en acier.

La fonte doit être considérée comme un métal dont la réduction n'est pas complette, et qui retient par consé-quent une portion de la base de l'air ou oxigène à laquelle il étoit uni dans la mine, et comme cette réduction peut être poussée plus ou moins loin , suivant les circonstances, cette variation est une première cause des différences que l'on observe dans les fontes obtenues de la même mine. Ainsi , la fonte blanche retient une plus grande quantité d'oxigène, et contient peu de charbon ; la fonte grise , au contraire, contient plus de cette dernière substance, mais elle est beaucoup plus dépouillée d'oxigène, et, pour l'obtenir dans le second état, il faut employer une plus grande proportion de charbon dans le fourneau. Les propriétés que ces deux espèces de fontes présentent ne dépendent que de cette différence. La première est plus cassante et plus fusible ; mais il est facile à l'affinerie de la priver d'oxigène par l'action du charbon rouge qui se combine avec ce principe. La seconde a retenu moins d'oxigène, mais elle contient beaucoup plus de charbon ; elle est plus douce et préférable pour les usages pour lesquels on exige cette qualité ; mais elle est plus difficile à convertir en fer, parce que pour cela il faut détruire la plus grande partie du charbon, qui , dans cet état, résiste considérablement à la combustion.

Le fer forgé , parfaitement affiné , seroit celui qui d'une part, seroit complétement réduit, et qui, de l'autre, ne contiendroit aucune matière étrangère au métal, pas même du charbon ; il n'en existe pas de cette nature dans le commerce. Le meilleur fer de Suède conserve toujours une portion d'oxigène qui a échappé aux opérations de la réduction et de l'affinage, et il est toujours altéré par une dose de charbon très-petite à la vérité, mais dont, peut être , il est impossible de le dépouiller exactement.

D'autres circonstances influent encore sur les qualités du fer , sur tout relativement à la fabrication de l'acier.

Ce métal, selon les mines dont il provient, peut avoir le défaut d'être cassant à froid ou d'être cassant à chaud. Nous ne nous arrêterons pas à la discussion des principes qui produisent ces mauvaises qualités, (1) il suffit de savoir que le fer, qui les a, ne donne que du mauvais acier, de même que la fonte qui doit produire ce fer; il faut donc les éviter avec soin.

L'on distingue trois espèces d'acier : l'acier naturel, l'acier de cémentation et l'acier fondu.

De l'acier naturel.

L'on appelle acier naturel, celui qu'on obtient immédiatement de la fonte par une simple fusion : on lui donne aussi le nom d'acier d'Allemagne, parce que c'est principalement d'Allemagne qu'il nous est apporté.

Ce n'est que par quelques circonstances qu'on décide la fonte à prendre la nature du fer ou celle de l'acier ; mais ces circonstances sont faciles à saisir d'après ce qu'on vient d'exposer.

La fonte grise est la seule qui soit propre à donner de l'acier, et pour cela il faut que l'oxigène qu'elle contient encore soit séparé, et que le charbon auquel elle doit sa couleur grise se combine intimement avec le fer; c'est en cela que consiste la conversion de la fonte en acier.

De là résulte une première règle : si l'on retire de son fourneau une fonte blanche, il ne faut pas tenter d'en faire de l'acier, quoiqu'elle soit propre à donner un fer de très-bonne qualité ; mais il faut alors commencer par conduire son opération de manière à obtenir une

____

(1) Le fer cassant à froid, provient des mines qui contiennent un peu d'acide phosphorique, lequel se combine dans l'état de phosphore avec le métal; le fer cassant à chaud, qui est beaucoup moins commun que le précédent, contient de l'arsenic; mais il est probable que d'autres métaux imparfaits peuvent produire le même effet.

fonte grise, et pour cela il faut augmenter les proportions du charbon dans la charge du fourneau.

L'aspect de la fonte trompe souvent sur sa nature : car, si l'on réduit la fonte grise en plaques, et qu'on lui fasse subir un refroidissement prompt, elle prend l'apparence de la fonte blanche. Nous donnerons plus bas un moyen facile de reconnoître dans l'instant la fonte qui est charbonnée et qui, par là, est propre à donner de l'acier.

Quand on a une fonte convenable, il faut pour la convertir en fer, qu'on la laisse dans l'affinage exposée beaucoup plus à l'action de l'air, que lorsqu'on veut obtenir de l'acier, et il faut qu'on évacue les scories qui empêcheroient le contact de l'air ; mais, pour la changer en acier, on l'expose beaucoup moins au contact de l'air, et on la laisse recouverte de scories. Par la première manipulation, on détruit le charbon qui étoit dans la fonte et qui se brûle par le contact de l'air ; la fonte prend ainsi la nature du fer ; mais par la seconde, on conserve le charbon dont une partie sert à séparer l'oxigène qui étoit encore dans la fonte, et dont l'autre se combine avec le fer et lui donne les qualités de l'acier.

La disposition du foyer et la position de la tuyère, sont deux objets qui méritent beaucoup d'attention. Pour obtenir du fer, le foyer doit être plus grand que pour l'acier ; et l'on donne à la tuyère une inclinaison propre à diriger le vent vers la surface du fer ; on remplit le foyer de charbon, on place la fonte par-dessus et à la hauteur de la partie supérieure de la tuyère. On échauffe modérément et par degrés, pour que la fonte n'entre pas en fusion, et qu'elle se maintienne dans un état pâteux, on la travaille avec le ringard ; on la ramène fréquemment au vent du soufflet, et l'on évacue de temps en temps les scories.

Pour l'acier, on arrange autour du foyer une couche de petits charbons ou poussier, qu'on humecte et qu'on bat pour lui donner de l'adhérence. On y ajoute des scories légères et de nature à devenir fluides ; la tuyère est ordinairement plus inclinée ; on presse davantage la fusion, pour que la fonte, devenue coulante, s'enfonce immédiatement dans le bain, qui est toujours couvert des scories qu'on ne fait écouler qu'à la fin de l'opération.

On ne suit pas par-tout les mêmes procédés ; mais avec un peu d'attention on voit qu'ils sont tous fondés sur le même principe ; c'est-à-dire que pour l'acier on évite de bruler la partie charbonneuse de la fonte, et pour le fer, au contraire, on dirige l'opération de manière à opérer cette combustion : Nous allons donner quelques exemples.

En Styrie, où l'on fait un bon acier, on réduit la fonte en plaques minces, qu'on fond à l'affinerie, comme on le dira ci-après : On fond aussi des loupes ordinaires qu'on a laissé se former au fond du fourneau, que l'on ne perce pas : elles ont commencé à y prendre le caractère d'acier, parce qu'on les a tenues en macération dans le creuset, qui a été brasqué avec de la charbonaille, et où elles ont été recouvertes de laitier ; on affine avec les précautions qui déterminent la formation de l'acier, soit les plaques, soit les masses qui ont été divisées auparavant en plus petites masses.

Une circonstance qui contribue à la bonté de cet acier, c'est qu'après l'avoir étiré, on jette les barreaux dans l'eau, on les casse en morceaux, et l'on sépare avec soin ceux qui ont la nature de fer de ceux qui ont la nature d'acier. On sépare encore les parties qui forment de l'acier tendre, et celles qui forment de l'acier dur : on en fait des paquets ou trousses composées de douze à quinze morceaux posés les uns sur les autres, en observant que les deux pièces qui servent de couverture à la trousse, soient d'acier mou. On forge les trousses dans un fourneau destiné à cet usage, et on les étire en barreaux de petit échantillon ; par là l'acier prend une qualité uniforme.

C'est en Carinthie que l'on fabrique le plus d'acier d'Allemagne, et c'est celui qui a le plus de réputation. Les procédés qu'on y suit méritent donc une attention particulière : Nous allons en donner un précis, d'après les observations qu'Hassenfratz a faites sur le lieu, et qu'il nous a communiquées.

La fonte est réduite en plaques minces ou feuillets, lorsqu'on la fait couler du haut fourneau, et pour cela on prépare un moule qui est un trou hémisphéroïde fait sur le devant du fourneau; on l'unit avec des scories qui sont réduites en poussière très-fine et qu'on mouille pour les lier plus facilement.

On perce l'œuvre avec un ringard pour faire couler dans le moule les scories, dont la chaleur sert à en dissiper l'humidité ; on les retire et on procède à la coulée de la fonte, de manière qu'elle ne coule d'abord qu'à petit filet ; on aggrandit le trou à mesure qu'elle sort, le laitier vient recouvrir la fonte ; on rebouche alors l'ouvrage, et l'on rend le vent au fourneau. On jette de l'eau sur le laitier qui recouvre la fonte, il se fige et on le retire. Quand la fonte est à découvert, on jette également de l'eau à sa surface, qui se solidifie ; on enlève avec des ringards le feuillet qui s'est formé ; on continue l'aspersion et la séparation des feuillets, pendant que la fluidité de la matière le permet.

Dans quelques atteliers on fait entrer en fusion la fonte dans un fourneau particulier, pour la réduire ainsi en feuillets; mais cette seconde opération occasionne un emploi inutile de combustibles et de temps.

Ces feuillets sont destinés à être convertis en fer ou en acier.

Si c'est du fer que l'on veut avoir, on commence par les griller sur un âtre sur lequel on les arrange, en formant, avec des briques, une conduite par laquelle le vent du soufflet est dirigé jusqu'à l'extrémité ; ensuite on les recouvre de charbon , et on fait agir fortement le soufflet. Les feuillets, par le rotissage qui détruit le charbon de la fonte , commencent à prendre les qualités du fer : après cela on les porte au fourneau d'affinerie. La case de ce fourneau est plus étendue que celle qui est destinée à l'acier; on y recouvre le fer de charbon et de scories, et l'on incline la tuyère de manière que l'air aille frapper les feuillets ; lorsque la fusion est achevée, on donne issue aux scories , on ramène fréquemment la matière au vent, et enfin, la loupe étant formée, et son affinage étant achevé, on la porte sous le martinet.

Est-ce de l'acier que l'on a intention de faire ? on emploie un fourneau d'affinerie plus étroit et plus profond , on le brasque avec de la charbonaille qu'on humecte, et dont on rend la couche solide en la battant ; ensuite on y dispose les feuillets , et on les recouvre de scories et de charbon ; on donne à la tuyère une disposition presque horisontale , pour que le vent ne frappe que sur le charbon et non sur la fonte. Lorsque celle-ci commence à se solidifier , on enlève le charbon et on fait couler les scories , puis on fait pénétrer à coups de marteau dans la masse, encore mollé , des battitures et des fragmens d'acier.

Après cela on fait fondre cette loupe une seconde fois, en observant les mêmes précautions que la première , et, lorsque l'on juge la matière assez affinée , on fait couler les scories, et, on porte la masse sous les martinets, pour la diviser en masseaux qui doivent être forgés séparément.

On voit que toutes les opérations sont dirigées de manière à détruire le charbon qui existoit dans la fonte, lorsqu'on veut la changer en fer; mais lorsqu'on veut la convertir en acier, non-seulement on la préserve de l'action de l'air, mais on brasque la case de manière que la matière fondue ait toujours du charbon en contact , et puisse s'imprégner de ce qui lui en manqueroit

Ici

Ici l'on fait deux fusions de la fonte ; dans la seconde l'acier s'affine , et devient plus homogène : c'est une méthode excellente , et peut-être la seule par laquelle on puisse obtenir un très-bon acier.

Une autre partie du procédé mérite beaucoup d'attention : c'est la réduction de la fonte en plaques ou feuillets. Si l'on veut obtenir du fer , ces plaques se grillent plus facilement à cause de leur peu d'épaisseur et de la grande surface qu'elles présentent à l'air. Mais si l'on veut faire de l'acier , elles sont plutôt fondues , et elles se noient sous le laitier qui empêche que le charbon que cette fonte contient puisse être consumé par l'action de l'air ; elles prennent au contraire ce qui peut leur en manquer, à la brasque de charbon que l'on a eu soin de préparer de manière à se soutenir sans se consumer pendant toute l'opération.

Lorsque l'acier s'est figé dans le foyer , on l'en retire et on divise la masse en plusieurs autres , plus ou moins considérables , qu'on porte sous le martinet : là , on sépare les parties qui ne sont pas réduites en acier, mais en fer , et qui occupent la surface des lopins ; on étire chaque lopin en barres , que l'on réduit en barreaux d'un échantillon plus ou moins gros , en séparant les parties plus tendres de celles qui sont plus dures.

Pour avoir un acier d'une qualité supérieure , on réunit plusieurs barreaux de l'espèce tendre et de l'espèce dure , en plaçant ceux qui sont plus durs dans le milieu ; on les forge avec soin et on les étire en barreaux.

Nous avons fait voir que pour obtenir de l'acier de fonte , il falloit avoir une fonte charbonnée ; mais il y a un excès à éviter : la fonte noire ou trop charbonnée donne un acier beaucoup trop cassant, et même qui ne peut être d'aucun usage ; cette espèce d'acier se fige plus difficilement que le bon acier ; lorsque l'ouvrier apper-

B

çoit ce symptôme, il peut en prévenir le mauvais effet, en y ajoutant une certaine quantité de vieille féraille, qui dépouille le métal trop-aciéreux de son excès de charbon, et qui, en s'incorporant avec lui, produit une masse uniforme de bon acier. Ordinairemen, lorsqu'on a une fonte de nature à donner un acier trop sec, on y mêle sur le fourneau d'affinage une quantité d'une autre fonte qui puisse modifier ces qualités.

Quoique le fer et l'acier doivent être distingués par des qualités bien tranchantes, il y a cependant un point de contact où ils se confondent : l'acier le plus tendre peut être regardé comme un fer très dur, et en effet, les fers diffèrent en dureté par le même principe qui constitue l'acier : tous retiennent une petite quantité de charbon qui échappe à l'opération de l'affinage. Ceux qui en contiennent le moins, sont, toutes choses égales d'ailleurs, plus souples, plus mols, plus ductiles, plus susceptibles de prendre, par l'action des martinets, la forme fibreuse qui constitue ce qu'on appelle le nerf du fer, que celui qui contient plus de charbon et qui se rapproche par-là des propriétés de l'acier : de-là vient que l'on obtient quelques fois de la même fonte, des espèces de fer qui paroissent très-différentes, quoique l'opération soit en apparence la même ; pour produire cet effet, il suffit de changer l'inclinaison de la tuyère.

De l'acier de Cémentation.

L'acier de cémentation est celui que l'on forme par le moyen d'un cément, dont on entoure les barreaux de fer dans une caisse disposée au milieu d'un fourneau, où ils éprouvent un grand feu.

Nous répéterons que la bonne qualité du fer est une condition indispensable pour obtenir un bon acier : il importe de choisir celui de la meilleure espèce, et les anglais qui préparent presqu'exclusivement l'acier de cémentation, retiennent pour cet objet tout le fer de Roslagie, qui est le meilleur qui se fabrique en Suede, et ils le payent beaucoup plus cher.

Il ne suffit pas que le fer ne contienne point de principe nuisible, il faut encore qu'il soit forgé avec soin et que ses parties soient bien réunies ; car, s'il se trouve quelques gerçures, quelques pailles dans l'intérieur des barres, elles deviennent beaucoup plus sensibles, lorsque le fer a pris la nature de l'acier ; on ne vient pas à bout de les réunir parfaitement, parce que les parties de l'acier ont beaucoup moins la propriété de se réunir et de se tisser ensemble que celles du fer. Nous nous sommes convaincus nous mêmes que des fers de France, de bonne qualité, tels que ceux du ci-devant Berry, ne faisoient que du mauvais acier, lorsqu'on les cémentoit dans l'état où ils sortent ordinairement des forges ; mais les mêmes fers, ayant été forgés et corroyés avec soin, ont formé de l'acier aussi bon que celui qui a été fait en même temps avec un excellent fer de Suède. Dans une autre expérience, l'acier préparé avec du fer du ci-devant Comté de Foix, qui avoit été bien forgé, a produit de l'acier d'une qualité égale à celui qu'on a obtenu dans la même opération avec le fer de Suède.

Il résulte de là, 1°., que le meilleur fer de Suède doit moins la propriété qu'il a de former du bon acier, à une qualité particulière du minerai, qu'au soin avec lequel il est forgé et soumis à l'action des martinets ; 2°. que nous avons en france des fers qui peuvent nous procurer un bon acier, pourvu qu'on veille à ce qu'ils soient bien forgés ; mais la seule négligence dans cette opération peut faire échouer une entreprise d'ailleurs bien conduite.

Ainsi le premier soin qu'on doit prendre, lorsqu'on veut faire de l'acier, c'est de se procurer du bon fer, d'examiner s'il est bien forgé, et, dans le cas qu'il ne le soit pas d'une manière convenable, de le forger et corroyer de nouveau. L'on peut aussi rétablir les fers rouillés par la vétusté, en les forgeant pour les soumettre à la cémentation.

L'on a supposé long-tems que le cément propre à donner de l'acier, devoit contenir des parties salines, inflammables, grasses, sulfureuses, etc. lesquelles devoient pénétrer le fer pour le changer en acier ; de-là sont nées des prétentions et des secrets, qui ont détourné du véritable objet, l'attention de ceux qui ont fait des entreprises d'acier, et qui se sont livrés à des charlatans trompeurs ; il n'y a point de secrets pour la composition du cément : les Anglais n'employent que le charbon de bois réduit en poudre, et, effectivement, la seule condition essentielle, est que le fer s'imprègne de la substance même du charbon d'une manière uniforme et jusqu'au centre.

Quand on a préparé les bandes et barres de fer qu'on veut convertir en acier, on les coupe de la longueur de la caisse ou creuset dans lequel doit se faire la cémentation.

On fait dans le fond de la caisse un lit de poussier de charbon, qu'on a passé par un crible grossier et qu'on humecte un peu : on met sur ce lit un rang de bandes de fer, que l'on place de façon que chaque bande puisse être environnée de poussier ; ensuite on recouvre totalement ce premier rang avec un lit de demi-pouce d'épaisseur de poussier de charbon : on continue ainsi successivement jusqu'à ce que le creuset soit plein : le dernier rang est recouvert de poussier de charbon, par-dessus lequel on met un lit de sable, pour couvrir entièrement sa surface, et empêcher qu'il ne soit détruit par la combustion. Le sable doit être humecté ; on le joint bien, on en forme un dos d'âne qui s'élève au-dessus des côtés de la caisse, de façon que dans son milieu il ait plusieurs pouces d'épaisseur.

Lorsque la préparation de la caisse est finie, on dispose le fourneau pour y faire le feu, que l'on augmente graduellement et qui doit être soutenu plus ou moins long-tems, selon la quantité d'acier et par conséquent, suivant la grandeur de la caisse. A Newcatsle où l'on augmente dans deux caisses, contenues dans un fourneau, de 25 à 30 milliers d'acier, l'opération dure 5 jours et 5 nuits. Ordinairement on ménage à une des extrémités du fourneau, ainsi qu'à la caisse un trou, au moyen duquel on retire une barre, lorsqu'on juge que la cémentation doit être assez avancée : l'ouvrier connoît à la couleur et aux boursouflures de la surface, si l'acier est au point qu'il doit être. Lorsqu'on n'a pas une habitude assez grande, on en fait l'épreuve. Si la cémentation n'a pas encore pénétré jusqu'au centre, l'on distingue facilement, par l'état fibreux, la partie qui retient encore la nature du fer.

Lorsque l'acier sort du fourneau de cémentation, sa surface est remplie d'inégalités et de boursouflures, d'où vient qu'on le nomme *acier poule*, *acier boursouflé* : dans cet état, sa cassure présente des facettes très-larges, et ressemble à celle d'un mauvais fer cassant. Pour le mettre dans le commerce, on lui fait subir ordinairement une autre opération ; on le forge à un martinet et on le réduit en bandes de 7 à 8 lignes de largeur, ensuite on le laisse refroidir à l'air, sans le tremper dans l'eau : il a pris un grain beaucoup plus serré.

Comme les extrêmités des barres, converties en acier, ont ordinairement des pailles, et font un acier moins parfait, on les coupe pour les forger en paquets, et l'on se sert de cet acier pour en faire des instrumens aratoires.

Si le feu n'a pas été assez actif ou assez long-tems continué, les barres de fer ne sont pas cémentées jusqu'au centre, d'où il résulte ensuite de l'inégalité dans la dureté, sur-tout si on ne les forge pas avec beaucoup de soin ; lorsque le feu a eu trop d'intensité, l'acier devient trop cassant et trop difficile à traiter, ce qui vient de ce qu'il a dissous une trop grande quantité de charbon ; toutefois l'on ne peut donner aucun précepte sur la conduite du feu, parce qu'elle doit varier selon la forme qu'on a donnée au fourneau, selon sa grandeur, selon le nombre et l'épaisseur des barres, selon la nature du combustible.

La forme et la grandeur des fourneaux varient considérablement dans les différens atteliers où l'on cémente l'acier ; le but qu'on doit se proposer est de donner à son fourneau une solidité qui le fasse résister à un grand nombre d'opérations, de faire circuler également la flamme et la chaleur tout autour de la caisse, et de produire le plus de chaleur avec la plus petite dépense de combustible.

Une observation qu'il est important de faire sur l'étendue qu'on donne aux fourneaux destinés à la fabrication de l'acier, c'est qu'il n'y a pas d'avantage relativement à la quantité du combustible, ou que du moins il n'y en a que très-peu, à leur donner de grandes dimensions, parce qu'à chaque opération on est obligé de laisser dissiper toute la chaleur, et il en est tout autrement dans les manufactures où la chaleur accumulée doit servir à des opérations successives ; car alors tout le combustible qui est employé à ramener la chaleur au dégré nécessaire, est consumé en pure perte.

Il convient de ne pas se livrer aveuglément à son zèle ou à l'appas des spéculations ; la prudence exige que l'on commence les opérations en petit, que l'on se familiarise avec elles, avant de construire des fourneaux d'une certaine grandeur. Nous allons décrire un fourneau que *Jars*, qui avoit visité en observateur instruit les atteliers d'Angleterre, avoit fait construire. Il ne peut servir qu'à la cémentation de trois ou quatre quintaux ; mais on n'aura qu'à augmenter ses dimensions pour faire des opérations beaucoup plus considérables. Nous joignons à cette description, celle du fourneau à deux caisses, dont on fait usage dans les atteliers de Newcastle, et celle d'un fourneau dont le chauffage se fait en bois. Les planches qui suivent sont destinées à faire connoître les manipulations de carinthie

De l'acier fondu.

L'acier fondu est produit par la fonte de l'acier naturel, et sur-tout de l'acier de cémentation ; l'état liquide que prend le métal dans cette opération, fait disparoître les cendrures et les pailles, et donne plus d'uniformité à toutes les parties de l'acier.

Selon la description que Jars nous a donné de la manière dont cette opération se pratique à Sheffield, on y emploie ordinairement toutes les rognures des ouvrages en acier ; on a des fourneaux en terre, semblables à ceux dont on fait usage pour le laiton : mais ils sont beaucoup plus petits, et reçoivent l'air par un canal souterrain ; à l'embouchure qui est carrée, et à la surface de la terre, il y a un trou contre un mur où monte un tuyau de cheminée. Ces fourneaux ne contiennent qu'un grand creuset, de neuf à dix pouces de haut, sur six à sept de diamètre. On met l'acier dans le creuset avec un flux, dont on fait un secret ; et l'on place le creuset sur une brique ronde, posée sur la grille. On a du charbon de terre réduit en *coak* qu'on met autour du creuset, et dont on remplit le fourneau ; on y met le feu, et l'on ferme entièrement l'ouverture supérieure du fourneau, avec une porte faite de briques, entourées d'un cercle de fer.

Le creuset est cinq heures au fourneau, avant que

l'acier soit parfaitement fondu. On fait plusieurs opération de suite. On a des moules carrés ou octogones, faits
en deux pièces de fer coulé ; on les met l'un contre
l'autre, et on verse l'acier par l'une des extrêmités ; on
étend cet acier au marteau comme on fait pour l'acier
boursoufflé, mais on le chauffe moins et avec plus de
précautions, parce qu'il risqueroit de briser.

Chalut, officier d'artillerie, a fait des expériences sur
le flux qui convenoit pour faire l'acier fondu ; il s'est
convaincu que toute espèce de verre pouvoit servir de
flux, excepté celui où il entre du plomb ou de l'arsenic.

L'acier cassé en petits morceaux doit être recouvert
par le verre : on couvre le creuset, et on le pousse au
plus grand feu dans le fourneau ordinaire des fondeurs.

Il paroît qu'on a quelque fois pour but de donner une
dûreté extraordinaire à l'acier fondu, et qu'on obtient cet effet en mêlant au flux dont on se sert, des
parties charbonneuses pour en saturer l'acier et porter
sa dûreté au plus haut degré. Il est probable que c'est
par quelqu'opération analogue que l'on fabrique des instrumens tels que des cilyndres, des laminoires, dont la
dûreté est très-grande, et dont le grain est parfaitement
uniforme dans toute la masse ; mais nous ne pouvons
donner que des conjectures sur cet objet.

L'une des grandes difficultés que l'on rencontre dans
ce pays pour fondre l'acier, c'est de se procurer de bons
creusets. L'art de la poterie, vraiment important dans
toutes ses parties, est l'un de ceux qui sollicitent le plus
notre industrie.

Des propriétés particulières aux différentes espèces d'acier.

L'acier fondu peut être regardé comme l'acier le plus
parfait pour tous les instrumens qui exigent un beau

poli

poli et une dureté uniforme ; il est exempt des pailles, des cendrures et des filandres que l'on découvre en plus ou moins grande quantité dans les autres aciers ; c'est lui qu'il convient de choisir pour les outils qui ont besoin d'être durs et bien polis, tels que les brunissoirs, les alesoirs d'horlogerie, les lancettes, les rasoirs et les objets de bijouterie ; mais il a l'inconvénient de ne pouvoir se souder avec le fer, et d'être cassant : il est plus difficile à traiter au feu, et il a nécessairement un prix fort supérieur à l'acier ordinaire, puisqu'il est le résultat de la fonte de ce même acier.

Cette espèce d'acier est précieuse au luxe ; mais il faut diriger notre attention vers celui qui sert à la hache, à la lime, aux sabres et aux platines de fusils.

L'acier de cémentation approche quelquefois de la pureté du premier, lorsqu'on a employé un fer d'excellente qualité et qui en outre a été bien forgé ; mais en général il offre quelques pailles et quelques filandrures ; il n'est pas si homogène, et il n'a pas une dureté aussi égale que le premier. Cette espèce d'acier peut être employée à la plus grande partie des usages pour la coutellerie, pour la taillanderie, pour les laminoirs, les marteaux, les petits ressorts, les limes, etc ; cependant il se soude au fer avec quelque difficulté.

Non seulement cet acier est employé pour un grand nombre d'objets, mais on peut le faire entrer en différentes proportions dans les étoffes dont on fait usage, lorsqu'on a besoin d'une matière qui soit moins sujette à se casser, comme pour les grands ressorts, pour les faulx, les sabres, etc.

On appelle étoffe, un alliage de fer et d'acier, dont l'on forge et l'on soude ensemble plusieurs lames, pour avoir une substance qui participe aux propriétés de celles qui ont servi à la composer : le fer semble prêter sa souplesse à l'acier, et celui-ci communiquer sa dureté et son élasticité au fer ; il paroît que c'est dans l'art de bien mêler ainsi des lames de fer et d'acier et de les bien contourner ensemble, que consiste principalement la perfection des damas.

L'acier naturel est beaucoup moins égal que celui de cémentation ; lorsqu'il est poli, il présente ordinairement des surfaces ternies par des cendrures, des fibres, des filandres. Il est facile d'y découvrir avec la pointe d'un burin des veines de fer, de sorte qu'on peut le regarder comme une étoffe naturelle, et de-là vient que les tranchans qui en sont formés sont moins sujets à s'égréner, qu'il soutient mieux le recuit, qu'il a, comme on dit plus de corps, et qu'il est plus facile à travailler.

En général, dit un fameux coutelier, Perret, pour faire des *ouvrages fins et délicats, il faut faire usage de l'acier anglais,* qui est de l'acier de cémentation, et même quelquefois de l'acier fondu : pour *en faire de robustes, de forts, il convient de donner la préférence à l'allemand,* qui est de l'acier naturel, *parce qu'il a plus de corps et de tenacité.*

Toutefois, c'est l'acier cémenté qui nous paroît mériter le plus d'attention, parce qu'il est facile d'en faire partout de petits établissemens, avec des frais peu considérables, et avec la promptitude qu'exigent les besoins, et parce qu'il se prête facilement à tous les usages. Concitoyens, transportons dans nos forges ces orgueilleuses balustrades, ces grilles qui n'ont rien à préserver, et si nous y trouvons les qualités d'un bon fer, convertissons les en acier.

De l'épreuve de l'acier.

Les différentes propriétés qui doivent appartenir à chaque espèce d'acier, en rendent difficiles les épreuves qu'on fait faire aux ouvriers, même habiles : l'acier fondu sera jugé très-mauvais par celui qui n'a pas l'habitude de le travailler, et l'acier de cémentation par celui qui travaille ordinairement l'acier naturel ; le grain de la cassure est un indice trompeur, parce que sa finesse varie par la trempe ; cependant un bon acier doit toujours présenter un grain égal. L'acier fondu doit prendre un beau poli et ne pas être trop cassant ; l'acier de cémentation doit faire des burins qui résistent à la percussion, sans s'égréner et sans se refouler : l'acier naturel doit se souder facilement au fer et faire de bons tranchans.

Il y a des circonstances où il est avantageux de pouvoir se servir d'une épreuve, qui fasse reconnoître si des pièces ont été fabriquées avec du fer ou de l'acier, sans les altérer.

Ce moyen est d'autant plus important, que dans ces derniers temps, quelques fournisseurs infidèles ont livré et fait recevoir des sabres, dont la lame étoit de fer pur, auquel ils avoient donné une foible élasticité : ce qui a engagé le comité de salut public à en publier la description que nous allons transcrire, et à obliger les agens chargés de la réception des armes blanches de toutes espèces, de leur faire subir cette épreuve.

» Si l'on porte une goutte d'acide nitreux sur une
» lame de fer poli, et qu'après l'y avoir laissée deux
» minutes, on y projette de l'eau, elle emportera l'a-
» cide et tout ce qu'il tient en dissolution, de sorte qu'il
» ne restera qu'une tache blanche ou de couleur de
» fer nouvellement décapé.

» Si on fait la même opération sur une lame d'acier
» poli, l'acide entame également la partie ferrugineuse ;
» mais il n'agit pas sur la matière charbonneuse ; celle-
» ci se dépose donc pendant la dissolution, et forme
» une tache noire que la projection de l'eau n'enlève

» pas , et qui reste même assez long-tems , parce qu'il
» y a adhérence.

» Pour le succès de l'opération , il faut employer un
» acide affoibli ou étendu d'eau , parce que le précipité
» charbonneux n'adhère qu'autant que la dissolution se
» fait lentement et sans une trop vive effervescence.

» A défaut d'acide nitreux pur ou rectifié , on peut
» se servir d'eau forte du commerce , toujours en l'af-
» foiblissant à un certain dégré.

» Il faut avoir l'attention de porter la goutte d'acide
» avec du verre ou autre matière , qui ne se laisse pas
» attaquer , et ne porte rien qui puisse changer le ré-
» sultat.

» La plus petite goutte suffit ; elle doit plutôt être
» étendue que ramassée , pour marquer sur une plus
» grande surface ; le bouchon d'un très-petit flacon dans
» lequel on tient l'acide , sert très bien à cet usage.

» On n'aura pas fait deux ou trois fois cette épreuve,
» comparativement sur du fer ou de l'acier, que l'on aura
» acquis le tact nécessaire pour prononcer sûrement ,
» d'après les différences ».

Il y a long-temps que les artistes se sont servis d'un
moyen semblable , pour distinguer les lames de damas ;
ces lames , comme nous l'avons observé , sont composées
de parties d'acier et de fer , intimement entrelacées :
elles présentent par cette épreuve , dit Perret, *des veines
serpentantes , les unes , d'un gris blanchâtre , les autres , d'un gris foncé , d'autres noirâtres , c'est ce qu'on
appelle fleurs de Damas.*

Nous avons fait remarquer que la fonte suffisamment
charbonnée , prenoit l'apparence d'une fonte blanche ,
lorsqu'on la couloit en plaques et qu'on lui faisoit éprou-
ver un refroidissement subit : pour s'assurer de sa nature , on n'a qu'à polir sa surface , et l'on en jugera

par la couleur plus ou moins grise , plus ou moins noire
de la tache que produira l'acide nitreux.

VANDERMONDE. MONGE. BERTHOLLET.

Description d'un fourneau de cémentation.

PLANCHE PREMIÈRE.

*La première figure est le plan du fourneau au niveau
du cendrier.*

A. Le cendrier.
B. Corps de maçonnerie en briques , pour résister à
   la chaleur du fourneau.
C. Deux corps de maçonnerie ordinaire qui renferment
   et soutiennent le fourneau.

La deuxième figure est la coupe sur la ligne C D.

A. Le cendrier.
B. Un des arcs qui soutiennent la caisse.
C. La caisse où l'on met cémenter le fer.
D. Passage de la flamme.
E. Intérieur de la voûte du fourneau.
F. Passage pour entrer dans la cheminée.
G. La cheminée.
H. Les deux corps de maçonnerie qui renferment le
   fourneau.

La troisième figure est le plan supérieur.

A. Les deux corps de maçonnerie qui renferment le
   fourneau.
B. La chauffe où l'on met le charbon de terre pour
   chauffer le fourneau.

C. La caisse faite en briques, de huit pouces de longueur sur quatre de largeur, dans laquelle on met
le fer pour être converti en acier.

D. Ce sont autant de petits passages de la flamme,
lesquels enveloppent la caisse pour lui communiquer une chaleur égale dans toutes les parties.

La quatrième figure est la coupe, sur la ligne A B
du plan.

A. La chauffe.

B. Ouverture par où on retire les cendres.

C. Est un amas de sable recouvert d'argille, afin qu'il
y ait moins de chaleur perdue.

D. Les cinq arcs qui supportent la caisse.

E. La caisse où l'on met cémenter le fer

F. Les passages pour la flamme.

G. Ouverture que l'on ferme pendant l'opération,
mais que l'on ouvre à volonté pour retirer une
barre de fer, et connoître si elle est assez cémentée.

H. Embouchure de la voûte supérieure du fourneau,
par où l'on entre pendant l'opération, avec des
briques et de l'argille.

I. La cheminée principale.

K. Deux tuyaux qui conduisent la flamme dans la
cheminée, pour la rendre plus égale.

La cinquième figure est l'élévation en perspective du
même fourneau.

A. Face latérale.

B. Face du devant.

C. Regard ou ouverture pour entrer et sortir une
barre de fer.

D. Embouchure de la voûte supérieure.

E. Voûte.

F. Les deux tuyaux qui conduisent la flamme dans la cheminée.

G. La cheminée.

Ainsi, on en peut juger par le dessein, ce fourneau est construit en briques, entre deux murs de maçonnerie ordinaire, d'où l'on voit qu'on peut le placer contre le mur d'un bâtiment quelconque, et économiser par-là un côté de maçonnerie.

Par la coupe sur la ligne A. B., ou verra qu'on a placé du côté opposé à la chauffe, l'ouverture G. pour retirer une barre de fer et connoître si elle est assez *cémentée*; par ce moyen, on n'est point incommodé par la chaleur, et l'on a plus d'aisance pour la manœuvre ; c'est par la même raison que l'on fait ouvrir et fermer l'embouchure de la voûte en H.

La manière dont est construite la chauffe A, mérite attention ; la grille de fer qui est au bas, sert à tenir le charbon de terre, et à laisser passer des cendres au travers. On la tient toujours pleine de charbon, et on a soin de boucher, avec les cendres même ou avec des briques, l'ouverture du cendrier B; alors, les charbons étant allumés, l'air extérieur frappe sur l'ouverture de la chauffe qui reste toujours ouverte, et pousse sans cesse la flamme dans l'intérieur du fourneau, avec d'autant plus de force que la cheminée est plus élevée.

Si, au lieu de charbon de terre, on veut faire usage du bois on construit l'ouverture de la chauffe en carré long. Voyez les figures 6 et 8 de la même planche. On la fait de 8 ou 10 pouces plus basse ; de façon que la partie supérieure des arcs soit de 4 pouces environ plus élevée qu'elle ; on met le bois de corde en travers par dessus et contre le premier arc, de la même manière que cela se pratique pour chauffer les fours de fayanciers.

Dans ce cas là il n'est besoin d'aucune grille ; la flamme doit gagner promptement les conduits qui sont autour de la caisse , se rendre dans la voûte et enfiler les trois tuyaux de la cheminée, dans lesquels on fera bien de mettre des registres pour mieux la diriger.

On connoîtra aisément, pendant l'opération, si l'on a besoin de faire usage de ces registres , au moyen d'un regard que l'on ménagera dans le petit mur construit pour boucher l'ouverture H.

Les Anglais construisent leurs caisses avec du grès, mais on peut les monter en briques , lorsqu'on en a de bonnes. La caisse du fourneau que l'on propose ici peut être faite avec des briques de huit pouces de longueur , quatre de largeur et deux d'épaisseur. On a marqué dans les deux coupes et dans le plan supérieur, comment elles s'assemblent pour être soutenues par les arcs , et rendre la construction solide.

Dans un semblable fourneau , construit dans un des faubourgs de Paris , Jars a observé qu'en chauffant avec du bois de corde , il falloit un feu continué pendant 45 à 50 heures , pour convertir en acier 350 à 400 livres de fer renfermé dans la caisse.

On peut avec ce fourneau , dans une seule opération, essayer plusieurs qualités différentes de fer , pour connoître celui qui produit le meilleur acier , en y mettant une barre ou deux de chaque espèce.

On a placé la cheminée sur la voûte du fourneau ; mais si l'on trouvoit qu'elle fût trop pesante , on pourroit la placer à côté , et contre un des corps de maçonnerie. On y communiqueroit la flamme , à l'aide de trois tuyaux de terre ou faits en briques , dirigés obliquement. Voyez les figures 6 , 7 , 8 et 9. La figure 7 donne la coupe de la cheminée placée à côté , et des tuyaux obliques.

Si l'on est à portée d'avoir des tuyaux de terre ou de
fer ,

fer , ils suffiront en les plaçant sur la voûte d'un si petit fourneau , sans être obligé de faire une construction en briques.

Description des fourneaux de cémentation de Newcastle.

DEUXIÈME PLANCHE.

Cette planche représente le dessin du grand fourneau, dont les anglais se servent pour convertir le fer en acier par la cémentation.

La première figure est la coupe de ce fourneau , sur la ligne A C, du plan , fig. 2.

C. Vue de la caisse ou creuset.

D. Soupiraux, ménagés sous la caisse, par où entre la flamme.

E. Les cinq murs et arcs qui soutiennent les parois des caisses.

F. H. La grille.

I. K. Le cendrier.

L. Marche ou escalier pour descendre dans le cendrier.

M. Deux cheminées des extrêmités du fourneau , dont les conduits sont ponctués.

N. Deux cheminées des angles de même.

P. Deux ouvertures qui servent à refroidir le fourneau.

Q. La cheminée principale qui renferme les huit autres.

R. La porte pour entrer sous la cheminée principale.

D

La deuxième figure A, B, C, D, est le plan ou coupe horisontale du fourneau, au niveau du fond des caisses ou creusets.

E. F. La grille de fer sur laquelle on met d'autres barres pour contenir le charbon lorsqu'on veut mettre le feu au fourneau.

H. Les murs sur lesquels sont bâties les deux caisses ou creusets, séparés de façon qu'ils forment des soupiraux pour que la flamme puisse circuler tout autour des parois extérieurs desdites caisses.

La troisième figure est la coupe du fourneau, sur la ligne A B du plan, fig. 4. On ne l'a pas mise exactement sur le milieu, afin de pouvoir exprimer les soupiraux.

C. D. La coupe des deux caisse ou creusets.

E. Les soupiraux au-dessous des caisses.

F. Les soupiraux à côté des caisses, par où ressort la flamme.

H. Un des arcs avec un petit mur, fait sur une grille, pour le soutien des parois des caisses.

I. La grille.

K. Le cendrier.

L. L'ouverture pour les deux cheminées du fond, dont on a ponctué les conduits.

M. Les deux cheminées des angles du fond.

N. La grande cheminée principale qui remferme les huit autres.

La quatrième figure A B C D est le plan ou coupe horisontale du fourneau, au niveau de la partie supérieure des caisses.

E. Les deux caisses dans lesquelles ont met le fer pour être cémenté.

F. Les cinq arcs et murs qui traversent la grille du fourneau, et qui soutiennent les parois des caisses.

H. Les différentes ouvertures par où sort la flamme de dessous et des côtés des caisses.

I. Les quatre ouvertures pour les cheminé s, des anglés, par lesquelles entre la flamme avant que d'enfiler lesdites cheminées.

K. Quatre autres ouvertures, par où la flamme se rend dans les quatre cheminées ; on bouche leurs ouvertures extérieures pendant l'opération, après laquelle on les débouche pour refrodir le fourneau, pour y entrer le fer, et en sortir l'acier.

L. Quatre ouvertures, que l'on ouvre après l'opération, qui servent uniquement à réfroidir le fourneau.

La cinquième figure, AB. est l'élevation en perspective, du même fourneau, faite sur la largeur.

C. La grille.

D. L'ouverture dans laquelle on bâtit une petite porte, lorsqu'on veut mettre le feu au fourneau.

E. Deux des ouvertures par lesquelles on entre les barres de fer, et l'on sort celles d'acier.

F. La porte pour entrer sous la cheminée principale.

Description d'un fourneau à cémenter l'acier, pour le chauffage duquel on se sert de bois (1).

PLANCHE TROISIÈME.

La première Figure est le plan de ce fourneau à la naissance des arceaux qui portent le creuset.

A. L'un des murs du bâtiment contre lequel le fourneau est adossé.

BB. Les deux gros murs des côtés du fourneau.

CC. Les deux murs en briques servant de doublure au fourneau.

DD. Espaces de deux pouces entre les deux susdits murs et les gros murs, que l'on remplit de gros sable, qui, en soutenant la doublure, facilite l'évaparation de l'humidité.

EE. Deux petites retraites pour empêcher les arceaux de glisser.

F. La voie de la flamme.

GG. Les deux chauffes.

HH. Deux ouvertures, par lesquelles l'air sort les braises des chauffes.

La deuxième figure est un autre plan du fourneau, un à la hauteur de la partie supérieure du creuset ou caisse à cémenter.

A. L'un des murs du bâtiment.

BB. Les deux gros murs du fourneau.

---

(1) Cette planche est destinée à la nouvelle encyclopédie, le citoyen Pankouke a bien voulu nous la communiquer.

CC. La doublure.

DD. Le sable pour la sortie de l'humidité.

E. La caisse ou creuset, construit soit en pierres tail=
lées , soit en briques ; il faut qu'elles soient bien
jointes avec de la terre , et que le tout soit des
substances les plus réfractaires , afin de résister
à la violence de la chaleur.

F. Vingt-deux soupiraux tout autour du creuset, dont
trois à chaque bout, par lesquels la flamme passe
continuellement , afin de chauffer le creuset également , dans toutes ses parties.

G. Petits murs qui s'élèvent à la hauteur de la caisse
et qui en empêchent l'écartement ; les 9 de chaque
côté , sont construits sur l'extrêmité des arceaux,
dont les espaces C marquent l'épaisseur ; il faut
donner aux petits murs moins d'épaisseur que ne
le porte la figure , afin de donner plus de largeur
aux soupiraux.

HH. Deux petits trous à la caisse, pour placer les deux
barres de fer servant d'éprouvettes.

II. Deux trous correspondans aux deux précédens ,
et qui traversent les murs des bouts des fourneaux;
c'est par ces trous que l'on saisit avec une tenaille,
les éprouvettes pour les sortir du creuset.

LL. Les deux chauffes où l'on place le bois , suivant
sa longueur.

M. Canaux d'évaporation.

*La troisième figure est la coupe en long du fourneau,
suivant la ligne anguleuse AB de la figure 4.*

AA. Murs des extrêmités du fourneau.

BB. Deux portes pour y entrer, et qui sont maçonnées
pendant l'opération; l'on conseille , pour plus
grande solidité, qu'elles soient faites de fer fondu.

C. La voûte du fourneau.

D. Le creuset de cémentation.

EE. Les deux petits trous pour placer les éprouvettes.

FF. Les deux ouvertures correspondantes , par lesquelles l'on sort ces éprouvettes.

G. La coupe des neuf arceaux qui portent le creuset ; si l'on a des pierres réfractaires , il convient mieux de les y employer , que des briques qui font toujours une retraite.

H. L'entre-deux des arceaux servant de passage à la flamme.

II. Passage de la flamme aux deux bouts du fourneau.

KK. Les deux arceaux des extrémités du fourneau qui, vers son intérieur, son en plein ceintre comme les autres , et surbaissés du côté de la chauffe à cause de l'embrasure. *Voyez la figure première.*

LL. Les deux chauffes.

MM. Les trous pour en sortir les braises.

N. Cinq petites cheminées qui traversent la voûte du fourneau , et qui vont obliquement se rendre dans la grande cheminée.

O. Cette grande cheminée , qui doit avoir au moins trente pieds d'élévation au-dessus du rez-de-chaussée.

PP. Mur du bâtiment portant la cheminée.

Q. Couche de gravier , qui , de la naissance des arceaux , va en pente jusqu'aux chauffes.

La quatrième figure est la coupe en travers du fourneau.

A. Mur du bâtiment.

BB. Gros mur du fourneau.

CC. La doublure.

D. La voûte.

E. L'une des portes du fourneau, avec son chassi de fer.

F. La caisse ou creuset.

GG. Les passages de la flamme entre la casse et la doublure.

H. La voie de la flamme.

I. L'un des arceaux qui supportent la caisse.

L. Le sable pour la sortie de l'humidité.

M. L'une des petites cheminées qui vont se rendre
dans la grande.

N. Cette grande cheminée.

O. Trou qui sert à nétoyer la partie inférieure de la
cheminée, et qui se bouche.

P. Brique servant de régistre pour régler la chaleur
du fourneau.

Q. Six soupiraux pour l'évaporation de l'humidité.

De l'imprimerie du département de la guerre, rue de
la Michodière, n°. 3.

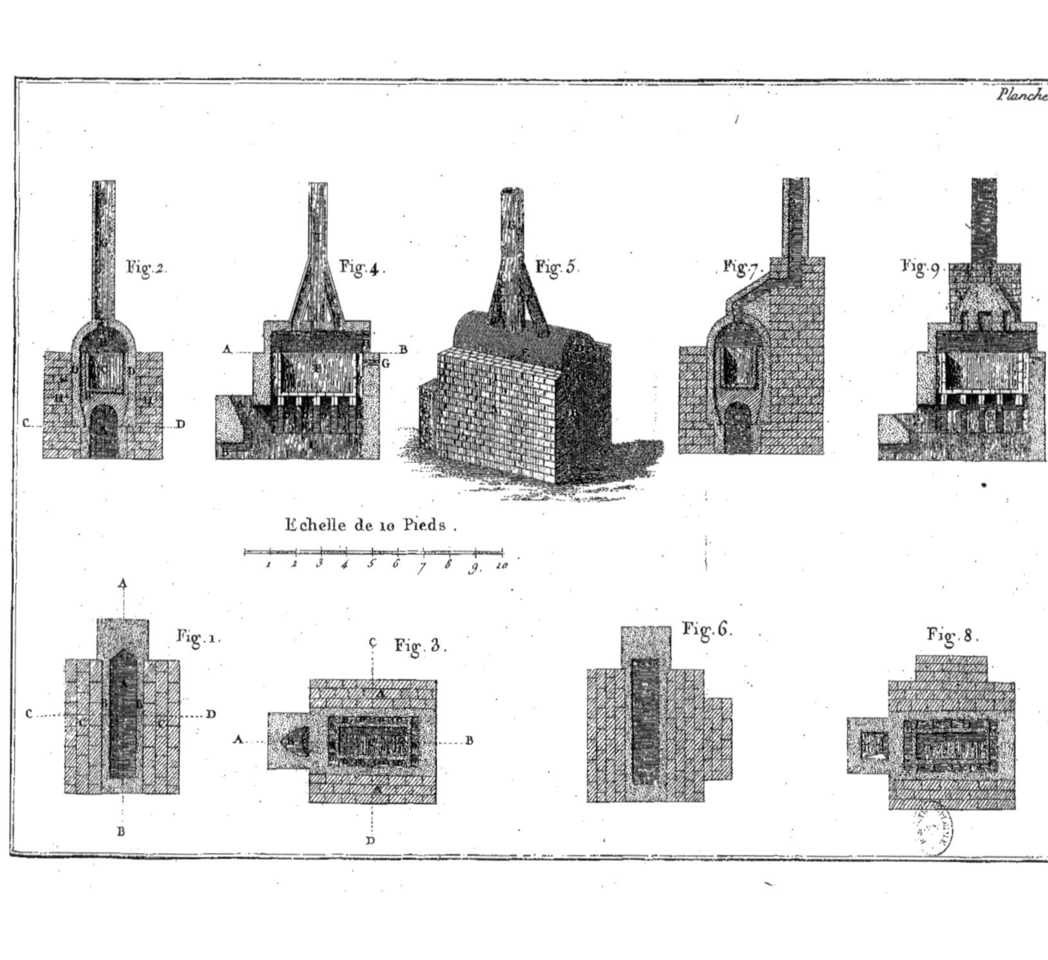

Fig.2.
Fig.4.
Fig.5.
Fig.7.
Fig.9.
Echelle de 10 Pieds.
1 2 3 4 5 6 7 8 9 10
Fig.1.
Fig.3.
Fig.6.
Fig.8.

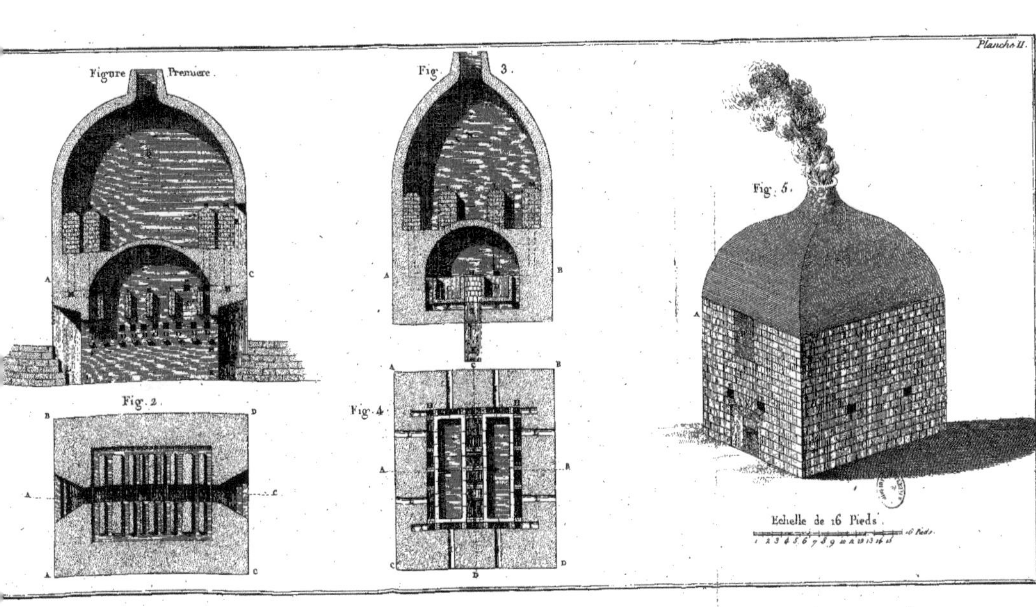

Planche II.
Figure Premiere.
Fig. 3.
Fig. 5.
Fig. 2.
Fig. 4.
A B C D
Echelle de 16 Pieds.
1 2 3 4 5 6 7 8 9 10 11 12 13 14 15   16 Pieds.

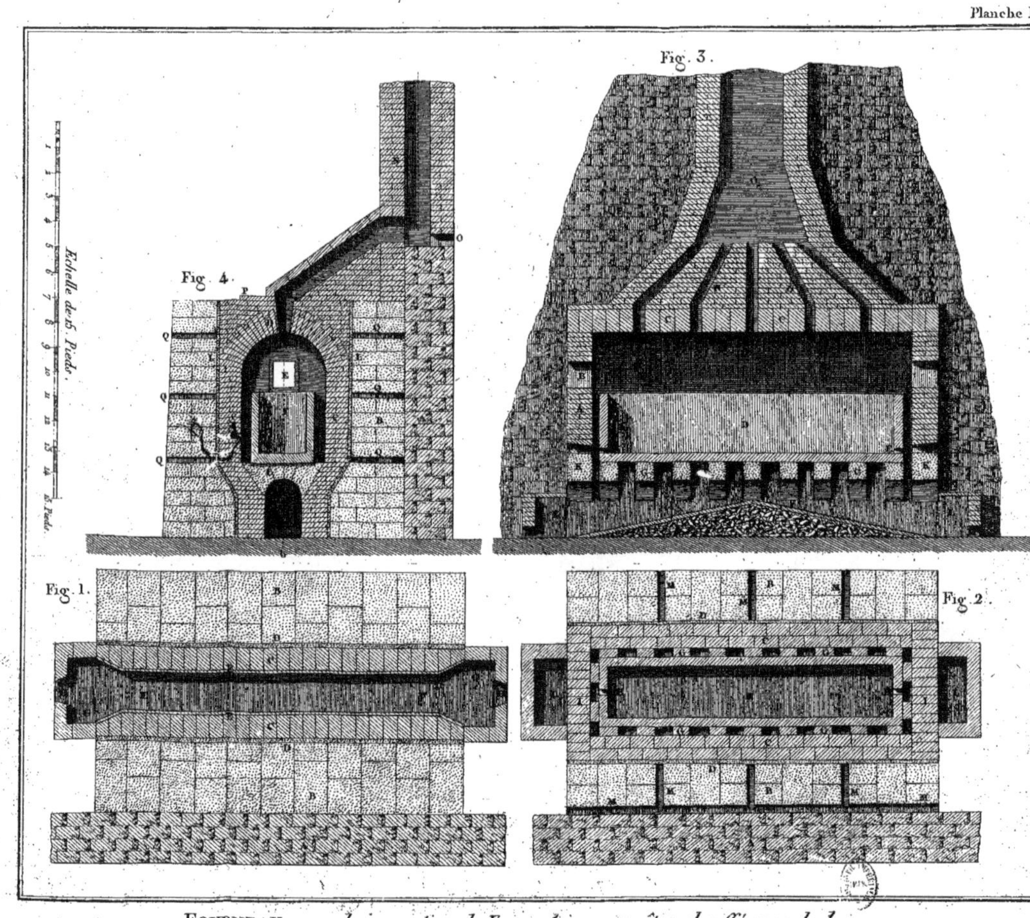

FOURNEAU, *pour la convertion, du Fer en Acier, pour être chauffé avec le bois.*

Coupe du Fourneau
prise dans le sens
dé sa largeur.
Coupe du Fourneau
prise dans le sens
de sa longueur.
Plan du Fourneau a grilles
les feuillets de fonte pour
fabriquer du fer
Echelle de 12 Pieds.
12   6   5   4   3   2   1

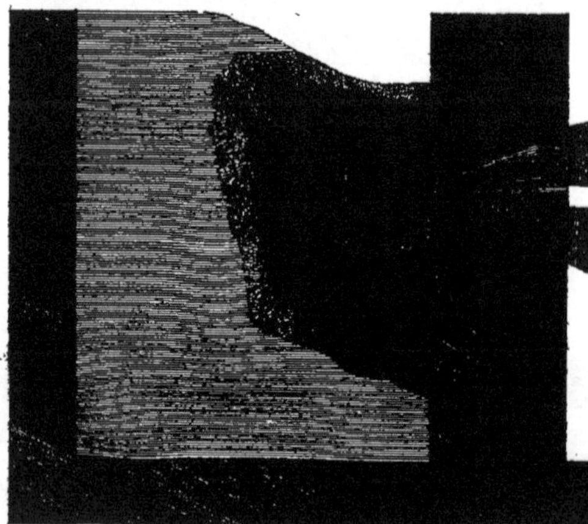

Plan *du Fourneau d'affinage pour faire l'Acier en Karinthie.*

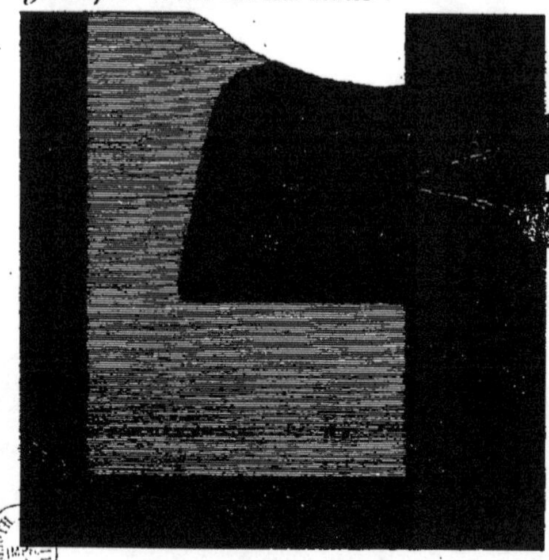

Plan *du Fourneau d'affinage pour fabriquer le Fer en Karinthie.*

Echelle de 6. Pieds.
1 2 3 4 5 6.

Echelle de 6 Pieds.
1 2 3 4 5 6.

www.ingramcontent.com/pod-product-compliance
Ingram Content Group UK Ltd.
Pitfield, Milton Keynes, MK11 3LW, UK
UKHW021018120726
13693UKWH00005B/2058